William Guy Carr, R.D.

La conspiración para destruir todos los gobiernos y religiones existentes

OMNIA VERITAS®

William Guy Carr
(1895-1959)
Comandante de la Marina Real Canadiense

William Guy Carr (1895-1959) fue un oficial naval y escritor canadiense. Escribió extensamente sobre teorías de la conspiración, sobre todo en su libro *Peones en el juego*. Su obra ha sido objeto tanto de influencias como de críticas.

LA CONSPIRACIÓN PARA DESTRUIR TODOS
GOBIERNOS Y RELIGIONES EXISTENTES

The Conspiracy To Destroy All Existing
Governments and Religions
Publicado por primera vez en 1958

Traducido y publicado por
OMNIA VERITAS LTD

OMNIA VERITAS®
www.omnia-veritas.com

© Omnia Veritas Limited - 2025

Prefacio

Acerca del libro

Aquellos a quienes les resulte difícil aceptar el hecho de que Estados Unidos sea el blanco de conspiraciones políticas y económicas no están preparados para este libro, que trata de una conspiración a un nivel mucho más elevado.

El hombre medio no está familiarizado con la historia y la documentación implicadas. Tampoco sabe que los poderes del mal son tan reales como los del bien.

En este libro, el lector conoce la publicación de documentos secretos por parte del profesor Robison y muchas revelaciones posteriores. A continuación, el autor le lleva rápidamente a través de la historia siguiendo el hilo de la conspiración a través del tiempo.

De repente, las advertencias que había oído sobre un gobierno mundial se vuelven comprensibles cuando se entera de que la conspiración siempre ha tenido como objetivo ver un gobierno establecido sobre el mundo cuyos poderes podrían usurpar. Esto es muy diferente del gobierno único que la mayoría de los cristianos esperan que sea creado por el Señor.

Los conspiradores tienen una filosofía integral sobre la humanidad. Son conscientes de que Dios creó esta tierra y nos introdujo aquí a través de un método de nacimiento que nos privó del conocimiento personal de una existencia anterior . Luego nos dotó de un intelecto que podía recibir inspiración tanto de fuentes buenas como malas. Así, con el libre albedrío que le fue otorgado, el hombre estaba en condiciones de ser puesto a prueba en esta tierra a medida que su cuerpo ponía en acción las decisiones de su mente hacia objetivos positivos o negativos.

Los conspiradores han tenido sumo cuidado en asegurarse de que su existencia y sus planes no sean revelados mediante juramentos secretos, burlas y asesinatos. La verdadera doctrina sólo se revelará cuando su organización haya alcanzado la supremacía despótica. Aquí se revela una conspiración audaz y diabólica destinada a defraudar al hombre de su libertad dada por Dios a través del engaño, el horror y la fuerza.

Hay que halagar a las masas con cualquier alabanza fastuosa y promesa extravagante que les atraiga, entendiendo que "lo contrario de lo que prometemos puede hacerse después... eso no tiene importancia.

Desde la tumba habla la voz de Carr,

> "Envíe por correo o distribuya ejemplares de este número a todas las personas que se le ocurran. Es maravilloso el resultado que se obtiene cuando unos pocos ejemplares caen en buenas manos."

Siempre confió en que la verdad saldría victoriosa.

En 1796 John Robison, profesor de filosofía humana y secretario de la Royal Society de Edimburgo (Escocia), publicó documentos que le habían confiado miembros de los Illuminati de Weishaupt mientras recorría Europa antes del estallido de la Revolución Francesa en 1789. Robison era masón de alto grado. Por esta razón se le habían confiado los documentos secretos. Los tuvo en su poder durante un tiempo considerable antes de leerlos. Cuando terminó, se dio cuenta de que eran una copia de la versión revisada de Weishaupt de la antigua conspiración luciferina y una explicación de cómo pretendía utilizar a los miembros de la Orden y Secta de los Illuminati para llevarla a cabo hasta su objetivo final, que es el control del Primer Gobierno Mundial que se establecerá y la imposición de la ideología luciferina sobre la Raza Humana mediante el satanismo despótico.

La publicación de John Robison se titulaba '*Prueba de una conspiración para destruir todas las religiones y gobiernos de Europa*'. La información contenida en ella simplemente confirmaba lo que el Gobierno de Baviera había publicado bajo el título 'Los Escritos Originales (Protocolos) de la Orden y Secta de los Illuminati' en 1786 y lo que Zwack también había publicado bajo el título 'Einige Originalschriften.' El Gobierno de Baviera envió copias del plan de Weishaupt de utilizar a sus recién organizados Illuminati para destruir todos los gobiernos y religiones existentes a todos los jefes de la Iglesia y del Estado antes del estallido de la Revolución Francesa en 1789. Pero la advertencia fue ignorada. El hecho de que los Illuminati hayan tenido el poder de mantener su identidad e intención de esclavizar a la Raza Humana, cuerpo, mente y alma, como un secreto ha permitido a los conspiradores desarrollar la conspiración hasta su etapa semifinal. El propósito de este artículo es contar cómo se desarrolló la conspiración desde 1798 hasta la actualidad. También exponemos los detalles del plano trazado por el general Albert Pike, de 1850 a 1886, para llevarla a su conclusión.

Weishaupt era Profesor de Derecho Canónico en la Universidad de Ingolstadt cuando revisó, y modernizó, la antigua conspiración luciferina para impedir que la Raza Humana estableciera el plan de Dios para el Gobierno de la Creación sobre esta tierra, de modo que pudieran finalmente imponer la ideología luciferina sobre los Goyim (ganado humano) por medio del despotismo satánico. De 1770 a 1776 fue financiado por la recién organizada Casa de Rothschild exactamente de la misma manera que aquellos que dirigen las actividades de los Illuminati hoy son financiados por las Fundaciones Libres de Impuestos establecidas para ese propósito por multimillonarios como los Rockefellers, Carnegies y Fords. El gobierno bávaro descubrió la conspiración de Weishaupt cuando, en 1786, Dios mató a uno de sus mensajeros con un rayo mientras cabalgaba por Ratisbona de camino a París. La policía encontró una copia de la versión revisada de la conspiración en tránsito hacia los miembros de los Illuminati de Weishaupt, que habían sido acusados de la responsabilidad de fomentar la Gran Revolución Francesa. Este primer gran proyecto, que conduciría a la destrucción definitiva de todos los gobiernos y religiones, estaba previsto que estallara en 1789.

El plan de Weishaupt es extremadamente simple. Organizó a los Illuminati y luego formó las Logias del Gran Oriente para infiltrar a los Illuminati en la Masonería Azul o Europea, utilizando las Logias como su cuartel general secreto. Así los conspiradores podrían operar bajo el manto de la filantropía.

Weishaupt nunca tuvo la intención de que nadie, excepto los masones especialmente seleccionados, de los Grados Superiores, aprendieran 'El Secreto Completo'. Sólo aquellos que se sabía que habían desertado completamente de Dios Todopoderoso fueron iniciados en los Grados Superiores de las Logias del Gran Oriente y se les dijo que los Illuminati eran una organización secreta con la orden dedicada a la causa de formar un Gobierno Mundial -en alguna forma- cuyos poderes pretendían usurpar para poder imponer su ideología a la humanidad: la adoración de Lucifer. Weishaupt declaró que esta acción aseguraría la paz y la prosperidad permanentes. Sólo a los iniciados en el grado final se les permitió saber que la Ideología Luciferina iba a ser impuesta a la Raza Humana por el despotismo satánico.

Como se demostrará, sólo los adeptos del Grado Final son iniciados como Sumos Sacerdotes de la Sinagoga de Satán; ellos adoran a Lucifer en oposición a nuestro Dios a quien nombran Adonay.

El plan que los Illuminati ponen en marcha consiste en utilizar el soborno monetario y sexual para colocar a personas influyentes bajo su control. Luego las utilizan para impulsar los planes secretos de los Illuminati. Los jóvenes pertenecientes a familias bien educadas con inclinaciones internacionales también son seleccionados y enviados a escuelas privadas donde los Illuminati los adoctrinan con ideas internacionales y luego los entrenan para que puedan ocupar puestos en la política y la religión como "Especialistas", "Expertos" y "Asesores". A continuación, los Illuminati utilizan la riqueza, el poder y la influencia de los miembros para colocar a sus "Agentur" en puestos clave entre bastidores de la actividad financiera, industrial, educativa y religiosa de todos los gobiernos. Entonces moldean la política para que encaje en el plan luciferino de promover guerras y revoluciones a una escala cada vez mayor. Weishaupt estipuló que los Illuminati debían organizar, financiar, dirigir y controlar el comunismo, el nazismo y el sionismo político para facilitar la tarea de los Illuminati de dividir a la población mundial en campos opuestos en cantidades cada vez mayores.

Esta política de autoeliminación debía continuar hasta que sólo el comunismo y la cristiandad quedaran como potencias mundiales. Cuando esta etapa de la conspiración es alcanzada los Illuminati deben provocar el cataclismo social más grande que el mundo jamás ha conocido y los Goyim controlados por los comunistas ateos y aquellos que profesan la Cristiandad deben ser mantenidos luchando hasta que se hayan masacrado unos a otros por las decenas de millones. Es durante estas guerras mundiales que el diablo recoge su cosecha más rica en almas.

Esta masacre al por mayor va a continuar, mientras los Illuminati, sus amigos millonarios, científicos, y agentur se relajan en seguridad y lujo en santuarios auto-contenidos preestablecidos (el sur de Florida, las Indias Occidentales, y las islas de los mares del Caribe), hasta que ambas partes hayan sido literalmente desangradas y queden absolutamente exhaustas física y eco-nómicamente. Entonces no tendrán otra alternativa que aceptar un Gobierno Mundial Único como su única esperanza, Los Illuminati usurparán entonces los poderes de ese gobierno y coronarán a su líder rey-despojo del mundo entero.

Entonces y no hasta entonces, la Sinagoga de Satanás (que siempre ha controlado y controla ahora todas las organizaciones subversivas), por manifestación universal dará a conocer a los Goyim, por primera vez, la verdadera luz de la doctrina pura de la Doctrina Luciferina e impondrá la ideología luciferina sobre lo que queda de la Raza Humana por medio del despotismo satánico.

Así vemos que la cuestión no es temporal y materialista como nos quieren hacer creer los que dirigen la conspiración. Estamos involucrados en una continuación de la revuelta luciferina contra el supremo poder y autoridad de Dios Todopoderoso a quien los luciferinos llaman Adonay. Se nos enseña acerca de la bondad infinita de nuestro Dios, pero se nos mantiene en la ignorancia del hecho de que la revuelta luciferina comenzó en el mundo celestial que llamamos Cielo porque Lucifer desafió la supremacía de Adonay sobre la base de que su plan para el Gobierno del Universo era débil y poco práctico, ya que se basaba en la premisa de que todos los seres inferiores podrían ser educados para conocerlo, amarlo y servirlo, por respeto a Su infinita perfección.

Lucifer afirmó que la única manera de gobernar el universo entero es establecer una dictadura totalitaria, e imponer la Voluntad del Dictador con despotismo absoluto. La palabra Universo, tal como la utilizan aquellos que han aceptado la ideología luciferina en este y otros mundos celestiales, significa La Totalidad de las cosas existentes, incluyendo la tierra, los cuerpos celestes o celestes, y todo lo demás a través del espacio.

No se puede comprender este tema tan importante a menos que se conozca toda la verdad. Debemos conocer la ideología luciferina así como la historia bíblica de la lucha que ha tenido lugar a través de los siglos en este y otros mundos entre Dios y Lucifer para decidir qué plan de gobierno de la creación se pondrá finalmente en práctica. A menos que conozcamos toda la verdad, no podemos decidir con los dones que Dios nos ha dado: intelecto y libre albedrío, si deseamos aceptar el plan de Dios y amarle, servirle y obedecerle por toda la eternidad o irnos literalmente con el diablo (Lucifer).

El propósito de los que dirigen la conspiración luciferina es impedir que las masas -los Goyim; el Ganado Humano- conozcan toda la verdad porque saben que si lo hiciéramos aceptaríamos automáticamente el plan de Dios.

Por lo tanto, los luciferinos se basan en su capacidad de mentir y engañar a los que planean esclavizar cuerpo, mente y alma, para que crean cualquier cosa menos la verdad. Esa es la razón por la que Cristo se refirió a la Sinagoga de Satanás, que dirige la conspiración luciferina en esta tierra como 'Hijos del Diablo, cuyas concupiscencias haréis'. El fue un asesino desde el principio. No conoce la verdad porque la verdad no está en él'. También debemos recordar que las palabras 'Sinagoga de Satanás' no significan, repito no significan, los judíos porque Cristo también dejó perfectamente claro que la Sinagoga de Satanás 'Son los que se llaman judíos, pero no lo son, y mienten.' La Sinagoga de Satanás está compuesta por hombres y mujeres de muchas nacionalidades que tienen su origen en Caín, el hijo de Eva. Mis conocimientos sobre el Credo Luciferino los he adquirido leyendo toda la literatura que he podido obtener sobre el tema y leyendo y estudiando traducciones de los escritos de su Eminencia Caro y Rodríguez, Cardenal de Santiago de Chile. Os transmito esos conocimientos para que podáis decidir la cuestión en uno u otro sentido.

El Credo Luciferino enseña que Lucifer era el más brillante e inteligente de las huestes celestiales. Su poder e influencia eran tan grandes que, cuando desafió el poder y la supremacía de Dios (Adonay), hizo que un gran número de seres celestiales de rango superior desertaran de Dios y se unieran a él. Entre ellos estaba Satanás, el hijo mayor de Adonay. Según la creencia luciferina, San Miguel, el Arcángel, es hermano de Satanás e hijo menor de Adonay. Las enseñanzas luciferinas admiten que San Miguel derrotó a aquellos que habían abrazado la Causa Luciferina en el Cielo. Esto inició la enemistad eterna entre Satanás y San Miguel. Según la enseñanza luciferina, "Infierno" es la palabra utilizada para designar el mundo celestial al que Dios desterró a Lucifer y a los seres celestiales más inteligentes que le habían seguido por propia voluntad. Según el Credo Luciferino, Dios (Adonay) decidió dar otra oportunidad a aquellas criaturas que Él consideraba que habían sido engañadas para unirse a la revuelta luciferina.

Por eso creó otros mundos, incluida esta tierra, y los habitó con los menos culpables que habían desertado de Él en el cielo en el momento de la revuelta. Los hizo a Su propia imagen y semejanza en cuanto que eran cuerpos infundidos con la luz espiritual de la gracia santificante. En apariencia tenían el mismo aspecto que Cristo cuando permitió que Pedro, Santiago y Juan le vieran transfigurado. Dios introdujo a estos ángeles caídos en los nuevos mundos por un método de nacimiento que les privó del conocimiento personal de su existencia anterior. Sin embargo, los dotó de intelecto y les dio libre albedrío. Sus mentes estaban construidas de tal manera que podían recibir inspiraciones del mundo celestial tanto de los que permanecían fieles a Dios como de los que se habían unido a la Causa Luciferina. Se pretende que los que están siendo juzgados clasifiquen estas inspiraciones utilizando su intelecto. El cuerpo pone en acción las decisiones de la mente. Todas las acciones corporales deben ser positivas o negativas. Cada acción corporal se registra en "El Libro de la Vida". El individuo decide así su futuro eterno; por sus acciones corporales prueba si ha aceptado el plan de Dios para el Gobierno del

Universo o el plan de Lucifer. Los resultados son el "Bien" o el "Mal".

Según el Credo Luciferino, Lucifer hizo a Satanás "Príncipe de este mundo" en el momento de su creación. Su tarea fue hacer que nuestros primeros padres desertaran de Dios (Adonay), y evitar que su progenie estableciera Su plan para el Gobierno de la Creación sobre esta tierra. Este credo también enseña que Dios caminó en el Jardín del Edén (Paraíso) sin que los padres les instruyeran sobre Su plan y Su forma de vida.

Hasta este punto no parece haber gran diferencia entre las enseñanzas del Credo Luciferino y las Sagradas Escrituras; la diferencia comienza a aparecer desde el momento en que Satanás llegó a la escena.

El Credo Luciferino enseña (a los iniciados de los grados inferiores de los Nuevos Ritos Palladianos, organizados por Albert Pike -de lo cual hablaremos más adelante) que Dios (Adonay) es un Dios celoso y egoísta; Él negó a nuestros primeros padres el conocimiento de los placeres de las relaciones sexuales -el secreto de la procreación- porque deseaba reservarse estos placeres para Sí mismo. Por supuesto, esto es mentira.

Dios simplemente pospuso dar a conocer Su voluntad con respecto a la procreación a nuestros primeros padres hasta que hubiera probado a fondo su honestidad, integridad y obediencia, para asegurarse de que eran lo suficientemente fiables como para confiarles el secreto, y lo suficientemente dignos como para llevar a cabo esa función santa y sagrada que daría a otros la oportunidad de aceptar el plan de Dios para el gobierno de la creación. A los iniciados en el Nuevo Rito Paladiano se les dice que Satanás otorgó el mayor beneficio posible a la raza humana cuando inició a Eva en los placeres de las relaciones sexuales, dándole así a conocer el secreto de la procreación. Las Sagradas Escrituras nos dicen que Satanás la hizo desobedecer a Dios ('Del árbol del conocimiento no comerás') prometiéndole que si aceptaba sus insinuaciones, tanto ella como Adán serían iguales en poder a Dios y nunca conocerían la muerte. En otras palabras, Satanás introdujo a Eva en la ideología luciferina sobre el sexo y las relaciones sexuales (conocimiento carnal) que son diametralmente opuestas a las intenciones de Dios; el acto de la procreación debía ser realizado por un hombre y una mujer unidos de por vida en los lazos del matrimonio. El ritual debía realizarse en estricta intimidad; el juego amoroso debía basarse en expresiones mutuas de alegría, aprecio, devoción y gratitud que cada uno mostraba por el otro. El clímax debía alcanzarse por el deseo espiritual de ambas partes de promover el plan de Dios de habitar el mundo creando otro ser que creciera para amar, honrar y obedecer a Dios a fin de vivir felizmente con Él para siempre.

La conquista de Eva por Satán fue un asunto completamente diferente, como se recrea en el ritual de la Misa Adonaicida (Misa Negra). Según el ritual de esta misa, el juego amoroso de Satanás estaba calculado para excitar las pasiones animales de Eva hasta el punto de que la satisfacción del impulso sexual superara cualquier otra consideración. Le enseñó a ser voluptuosa en vez de modesta y comedida; a ser promiscua en vez de constante con su cónyuge; a dedicarse al exhibicionismo en vez de observar una estricta intimidad; a entrar en perversiones y entregarse a los excesos en vez de a la moderación. Según el satanismo es perfectamente normal utilizar cualquier medio para gratificar el impulso sexual, ya sea animal o humano. El Talmud de Babilonia, (basado en las enseñanzas cabalísticas de los promotores de la conspiración luciferina), enseña que es perfectamente apropiado que un hombre utilice a niños de tan sólo tres años de edad para satisfacer sus diabólicas pasiones animales. El Credo Luciferino afirma que Caín nació como resultado de la unión entre Satanás y Eva.

Sabiendo que estos horrores relativos al sexo están de acuerdo con la ideología luciferina, podemos reconocer la influencia satánica que inspira tales ideas. Pero es difícil comprender cómo ministros de denominaciones cristianas pueden exponer las siguientes teorías respecto al acto matrimonial.

Recientemente hemos leído en publicaciones de la Iglesia, que expresan las opiniones de los líderes de dos denominaciones diferentes, que es perfectamente correcto y apropiado que una pareja casada tenga relaciones sexuales en cualquier lugar conveniente; en cualquier momento (incluyendo el período menstrual) y en cualquier posición, siempre que el acto termine de manera que permita la concepción. Después de leer este abominable consejo, llegamos a la conclusión de que los autores ¡sin duda habían mantenido sus votos de celibato! Hay una gran diferencia entre la indulgencia sexual por el mero hecho de gratificar las pasiones animales y la sagrada y santa relación que establece un hombre con su esposa, que es y permanece pura en cuerpo, mente y alma.

Satisfacer la pasión animal es burdo, agresivo, a menudo pervertido y sádico. El acto de amor y afecto realizado entre un hombre y su esposa enamorados el uno del otro es un ritual santo y sagrado que se denomina verdaderamente "Un Sacramento".

Bajo la influencia de la propaganda de los Illuminati, demasiados individuos han celebrado el contrato matrimonial con el propósito de legalizar las relaciones sexuales . Muchos matrimonios no son más que prostitución legalizada; aún más matrimonios son matrimonios de conveniencia. ¿No es de extrañar entonces que los seres humanos nazcamos con la mancha del Pecado Original? Somos concebidos en pecado porque el acto de la procreación no se ajusta a la voluntad de Dios, sino a las perversiones introducidas por Satanás cuando sedujo a Eva. Dios, en su cólera con nuestros primeros padres, retiró de sus cuerpos la luz de la gracia santificante; a causa de su pecado fueron reducidos de la condición de inmortales a mortales y condenados a sufrir privaciones, sufrimientos físicos, enfermedad y muerte. Pero Dios, en Su misericordia y bondad, a través de Su amado hijo, Jesucristo, nos dio otra oportunidad para rechazar la ideología luciferina tal como la enseñan los satanistas, y aceptar Su plan para el gobierno de la creación.

Si lo que explicamos no es la verdad, ¿por qué la Iglesia Católica Romana da tanta importancia al dogma de la Inmaculada Concepción de María, la madre de Jesucristo? La Fe Católica Romana requiere que todos sus miembros crean que María es el único ser humano nacido sin la mancha del pecado original porque ella concibió del Espíritu Santo de acuerdo con el plan de Dios para el proceso de procreación.

Si Satanás no hubiera utilizado una versión pervertida de la relación sexual para alejar a Adán y Eva de Dios, entonces por qué los Skoptsi han practicado la auto-masculación desde antes del advenimiento de Cristo, y todavía se castran a sí mismos, con el fin de demostrar que rechazan el sexo tal como fue introducido en la raza humana en su forma pervertida por Satanás. Los Skoptsi creen que sólo castrándose pueden dedicarse al cien por cien al servicio de Dios Todopoderoso y al establecimiento de Su plan para el gobierno de la creación sobre esta tierra.

Los skoptsi se burlan de los ministros y sacerdotes de la religión cristiana que temen castrarse para poder prestar un servicio perfecto a Dios Todopoderoso. Los apóstoles de Cristo fueron preguntados a menudo por aquellos que deseaban convertirse en sus discípulos si la auto-masculación era obligatoria. San Mateo aborda esta cuestión tan delicada en el capítulo 10:7-12. El versículo 12 dice: "Porque hay eunucos que se hicieron eunucos de los hombres; y hay eunucos que se han hecho eunucos por causa del Reino de los Cielos. *El que pueda recibirlo, que lo reciba'.*[1]

Tratando este mismo tema San Pablo dijo a sus seguidores que es mejor que los seres humanos renuncien a la relación sexual, ya que basándose en la versión pervertida de la relación sexual, separa a muchos seres humanos del Dios Todopoderoso que hizo que Tesalonicenses 4:1-7 fuera escrito en las Sagradas Escrituras 'Hermanos, así como habéis aprendido de nosotros cómo debéis andar, y agradar a Dios -como de hecho estáis andando- os rogamos y exhortamos, en el Señor Jesús, a que progreséis aún más. Porque ya sabéis qué preceptos os he dado por el Señor Jesús. Porque esta es la voluntad de Dios: vuestra santificación; que os abstengáis de inmoralidad; que cada uno de vosotros aprenda a poseer su vaso en santidad y honor, no en la pasión de la lujuria como los gentiles (luciferinos o satanistas) que no conocen a Dios-porque Dios no nos ha llamado a la inmundicia, sino a la santidad en Cristo Jesús nuestro Señor.'

---

[1] Nota: Se refiere a "este sacrificio extraordinario". - Ed.

Es en esta premisa en la que San Agustín basa su opinión de que fue la perversión de la relación sexual, según la intención de Dios Todopoderoso, unida a la desobediencia de Adán y Eva a Su ley y plan revelado para el gobierno de la Creación, agravada por una muestra de falta de Fe en Sus perfecciones y bondad infinita lo que constituye el Pecado Original.

Una vez que esta gran verdad es aceptada y comprendida es un asunto simple entender como la continua conspiración Luciferina ha sido desarrollada en esta tierra, con el propósito de esclavizar a los sobrevivientes de la Raza Humana, cuerpo, mente y alma. (También explica la actual inundación de sex appeal por radio, TV; imágenes pornográficas; exhibiciones lascivas de la figura femenina; canciones sexys-Presley rhythm-rock and roll).

Voltaire escribió que: "Para llevar a las masas a una nueva sujeción, los Illuminati deben mentirles como el mismo Diablo, no tímidamente o sólo por un tiempo, sino audazmente y siempre". Dijo a sus compañeros Iluministas: 'Debemos hacerles promesas fastuosas y usar frases extravagantes... Lo contrario de lo que prometemos puede hacerse después... eso no tiene importancia'.

Es sobre la premisa de que un ser humano no puede satisfacer sus deseos sexuales, y servir a Dios eficientemente, que causa que la Iglesia Católica Romana requiera que aquellos que buscan las Ordenes Sagradas tomen el voto de castidad y celibato. Pero lo más revelador de todo es el hecho de que el conocimiento de la terrible y tremenda influencia que el sexo, tal como lo enseña el Satanismo, tiene sobre las vidas de sus adeptos, que algunos hombres que han sido admitidos como Sumos Sacerdotes del Credo Luciferino se han castrado a sí mismos, u ordenado a sus médicos que los castren, para evitar que las consideraciones sexuales interfieran con su determinación de establecer la dictadura totalitaria Luciferina sobre esta tierra. Según fuentes fidedignas de información, Kadar es una de esas personas.

A finales de 1956, una de las principales revistas estadounidenses publicó la historia de cómo Kadar tomó el poder en Hungría y puso fin a la sublevación abortada. El autor afirmaba que Kadar había sido castrado por sus enemigos mientras estaba bajo su custodia. Esa afirmación es mentira. Kadar fue castrado por su propio médico a petición suya. Deseaba convertirse en un adepto perfecto de la Causa Luciferina.

Kadar es tan fanático que, después de suprimir la revuelta húngara, ordenó castrar a 45.000 jóvenes húngaros que habían sido hechos prisioneros. Luego los envió a campos especiales donde han sido entrenados para convertirse en Agentur de los Illuminati para ser utilizados para desarrollar la conspiración luciferina en su fase final. Todo esto es muy horrible, pero cierto. N.B.N. declaró en 1956 que la revuelta húngara había sido organizada por los Illuminati fuera de Hungría y que su propósito era probar en la práctica real la viabilidad del plan de Pike para provocar el cataclismo social final entre la gente controlada por los ateo-comunistas, y los que profesan el cristianismo. Las pruebas recibidas desde entonces demuestran que teníamos toda la razón en nuestras afirmaciones.

El Credo Luciferino enseña que la conspiración luciferina avanzó a tal ritmo que Dios decidió enviar a San Miguel a la Tierra, en la forma de Jesucristo, para detener la conspiración y derrotar a los que componían la Sinagoga de Satanás; también enseña que San Miguel (Cristo) fracasó en su misión. Pike construyó el ceremonial de la Misa Adonaicida en torno a la seducción de Eva por Satanás, la victoria luciferina sobre Cristo y su muerte por instigación de los Illuminati.

Cristo vino a redimirnos liberándonos de los lazos de Satanás con los que estamos atados. Nos dijo que Satanás había obtenido el control sobre todos los que ocupan altos cargos en el gobierno, la religión, las ciencias y los servicios sociales. Su nacimiento en un establo nos demuestra que si queremos establecer el plan de Dios para el gobierno de la Creación sobre esta tierra, debemos empezar desde abajo para educar a la mayoría de la humanidad. Cristo dejó meridianamente claro que era inútil intentar empezar por la cima en . La aceptación de esta lección creará una revolución espiritual".

Cristo también nos dijo que sólo hay una manera de acabar con la conspiración luciferina y es enseñar toda la verdad al respecto a los pueblos de todas las naciones. Nos aseguró que si dábamos a conocer la verdad en general y explicábamos a las masas que la ideología luciferina requiere su esclavitud absoluta, de cuerpo, mente y alma, la reacción sería tal que la opinión pública se convertiría en una fuerza mayor de la que podrían controlar. Weishaupt y Pike admiten esta verdad. Insisten en que cualquier ejecutivo Iluminista que sea sospechoso de desertar debe ser ejecutado como traidor. Weishaupt y Pike admiten esta verdad. Insisten en que los desertores deben ser ejecutados como traidores. Weishaupt escribió que si a un hombre se le permitiera divulgar su secreto, sus planes podrían retroceder tres mil años o terminar por completo. Esta es una información muy consoladora. Es para llevar a cabo este mandato tal como nos fue dado por Cristo que contamos cómo Weishaupt utilizó a Thomas Jefferson para transferir la versión revisada de la conspiración luciferina a América.

Jefferson estaba entre los financieros, políticos, economistas, científicos, industriales, profesionales y líderes religiosos que habían aceptado la idea de de que un Gobierno Mundial Único dirigido por hombres de cerebro (Iluministas) era la única manera de acabar con las guerras y las revoluciones. Jefferson estaba tan alto en los consejos ejecutivos de los Illuminati que secretamente hizo inscribir su insignia en la parte posterior del Gran Sello de América en preparación para el día en que se harían cargo del gobierno. Esta información conmocionará a un gran número de ciudadanos americanos, por lo que citaremos documentos auténticos y acontecimientos históricos, cuyo conocimiento ha sido cuidadosamente ocultado al público en general en Canadá y los EE.UU..

1789, John Robison, él mismo un alto masón, confirmó que los Illuminati se habían infiltrado en las logias masónicas americanas.

El 19 de julio de 1798, David A. Pappan, Presidente de la Universidad de Harvard, advirtió a la promoción de graduados sobre la influencia que el Iluminismo estaba ejerciendo en la política y la religión estadounidenses. (Nos preguntamos qué diría de la propia Harvard si viviera hoy).

El Día de Acción de Gracias de 1789, Jedediak Morse predicó contra el Iluminismo. Advirtió a su congregación, y al pueblo de los Estados Unidos, que los Iluministas encubren su verdadero propósito infiltrándose en las logias masónicas y ocultando sus actos e intenciones subversivas bajo el manto de la filantropía.

1799, John Cosens Ogden expuso el hecho de que los Iluministas de Nueva Inglaterra estaban infatigablemente comprometidos en la destrucción de la religión y el gobierno en América bajo fingida consideración por su seguridad.

1800, John Quincy Adams se opuso a Jefferson para la Presidencia de los Estados Unidos. Adams había organizado las logias masónicas de Nueva Inglaterra. Escribió tres cartas al coronel Wm. L. Stone exponiendo las actividades subversivas de Jefferson. Se atribuye a la información contenida en estas cartas el haber permitido a Adams ganar las elecciones. Las cartas a las que se hace referencia están (o estaban) expuestas en la Rittenhouse Sq. Library, Filadelfia.

1800, el capitán Wm. Morgan asumió el deber de informar a otros masones de cómo y por qué los Illuminati utilizaban sus logias con fines subversivos. Los Illuminati delegaron en uno de sus miembros, Richard Howard, para ejecutar a Morgan por traidor. Morgan intentó escapar a Canadá. No lo consiguió.

Avery Allyn hizo una declaración jurada y juró que había oído a Richard Howard informar en una reunión de Caballeros Templarios en St. John's Hall, Nueva York, de cómo había completado con éxito su misión de "ejecutar" a Morgan. Se habían hecho arreglos para enviar a Howard de vuelta a Liverpool, Inglaterra. Los registros masónicos demuestran que como resultado de este incidente miles de masones se separaron de la Jurisdicción del Norte.

1829, una Iluminista inglesa llamada 'Fanni' Wright dio una conferencia a un grupo cuidadosamente seleccionado de Iluministas en el nuevo Templo Masónico de Nueva York. Explicó la ideología luciferina sobre el "amor libre" y la "libertad sexual". También informó a los Iluministas americanos que se pretendía organizar y financiar el comunismo ateo con el propósito de promover sus propios planes y ambiciones secretas. Entre los que ayudaron a poner en práctica esta fase de la conspiración luciferina estaban Clinton Roosevelt, (un antepasado directo de F.D. Roosevelt), Horace Greeley y Charles Dada.

1834, para encubrir su verdadero propósito, los susodichos organizaron el Partido Loco-Foco.

1835, cambiaron el nombre a "El Partido Whig", y lo utilizaron para recaudar los fondos utilizados para financiar a Mordecai Mark Levi (Karl Marx) mientras escribía "El Manifiesto Comunista" y "Das Kapital" en Soho, Londres, Inglaterra. Ambas publicaciones fueron escritas bajo la supervisión directa de los Illuminati. Fueron diseñadas para permitir a los Illuminati de organizar el Comunismo Ateo como requería el plan de Adam Weishaupt completado en 1776.

1834, los Illuminati nombraron a Giuseppe Mazzini su 'Director de Acción Política'. Este título era una tapadera para el cargo de 'Director de Actividades Revolucionarias', León de Poncins en la página 65 confirma lo que yo había publicado a este respecto en 'Peones en el Juego' y 'Niebla Roja sobre América', es decir, que Mazzini estaba en estrecho contacto con, y dirigía las actividades revolucionarias de líderes situados en todo el mundo. Mazzini conoció al general Albert Pike poco después de que el presidente Jefferson Davis hubiera disuelto sus Tropas Auxiliares Indias a causa de las atrocidades que habían cometido bajo el manto de la guerra. Pike tenía una mentalidad totalitaria y aceptó de buen grado unirse a los Illuminati.

1850, a la edad de 41 años, Albert Pike se infiltró en la masonería y fue iniciado en la logia Western Star de Little Rock, Ark. Respaldado por los Illuminati, su ascenso dentro de la masonería fue fenomenal.

1859, el 2 de enero, Pike fue elegido Soberano Gran Comendador del Supremo Consejo de la Jurisdicción del Sur de los EE.UU. Entró en estrecho contacto con un adepto del Credo Luciferino llamado Moses Holbrook que era Soberano Comendador del Supremo Consejo de Charleston, S.C. Juntos elaboraron el ritual para una versión modernizada de la 'Misa Negra' luciferina que se basa en enseñanzas cabalísticas. Luego Holbrook murió y Pike introdujo la 'Misa Adonaicida' para ser usada por aquellos que habían sido admitidos en el secreto completo y el grado final de los Nuevos Ritos Palladianos.

El ritual de la "Misa Adonaicida" requiere que el celebrante inicie a la Sacerdotisa que interpreta el papel de Eva, en los placeres del sexo tal y como Satanás enseñó a Eva. Así se perpetúa la victoria de Satanás sobre Eva, y se recuerda a los presentes cómo el sexo se sigue utilizando para hacer que aquellos a los que desean controlar también deserten de Dios.

El ritual también requiere la inmolación de una víctima: humana, animal o ave. Este sacrificio se ofrece a Lucifer para conmemorar la victoria de la Sinagoga de Satán sobre Cristo. La sangre de la víctima se reparte entre los presentes, que la beben a sorbos, y luego se comen partes de la carne. Esto se hace para ridiculizar a Cristo por decirnos que 'El que coma mi carne y beba mi sangre tendrá vida eterna.' Nota: La policía de Chicago sigue investigando tres asesinatos rituales de este tipo.

El celebrante también profana y mancilla una Hostia consagrada por un sacerdote de la Iglesia Católica Romana. Este acto se realiza para demostrar a los presentes que Dios (Adonay) no es supremo. También indica la determinación de los presentes de destruir todas las demás religiones. Nota: Recientemente un agente de los Illuminati robó el tabernáculo de una Iglesia Católica Romana en Nueva Jersey para obtener Hostias consagradas.

Todas las Misas Adonaicidas terminan en una orgía de comida, bebida e indulgencias sexuales. Pike dictaminó, 'Que para que un adepto de los grados más altos esté en completo control de sus pasiones, que llevan a tantos corazones por mal camino, debes usar a las mujeres a menudo y sin pasión; así te harás dueño de tus deseos, y encadenarás a las mujeres.' Pike también escribió 'Las Logias de Hermanos que no anexan una logia de hermanas para el uso común están incompletas.' Véase la página 578 de *'La Femme et L'enfant dans la Franc-Maconnerie Universelles.'* de A.C. De La Rive, que trata específicamente de las Logias de Adopción que se utilizan para introducir a las mujeres en los ritos palladianos. Nota: Wilma Montesi murió tras ser utilizada como sacerdotisa en una misa adonaicida. Había participado en un maratón sexual. Murió de una sobredosis de drogas, administradas para estimular el apetito sexual, y de agotamiento físico. Su cuerpo fue encontrado en una playa cercana a Nápoles (Italia). El escándalo implicó a altos cargos de la Iglesia y el Estado italianos.

Debido a su diligencia en la Causa Luciferina, Pike fue elegido Soberano Pontífice de la Francmasonería Universal. Como tal, fue asistido por diez Antiguos de la Logia Suprema del Gran Oriente de Charleston, S.C. Trabajando en la mansión que construyó en Little Rock, Arkansas, en 1840, trazó el plano para las etapas finales de la conspiración luciferina. Como demostraremos más adelante, el cataclismo social final será entre las masas controladas por los comunistas ateos y las masas que se adhieren a la religión cristiana. Es este plan diabólico el que justifica la definición de la palabra "Goyim" como "ganado humano preparado para el matadero".

Para poner en práctica este complot de inspiración diabólica, Pike organizó los Nuevos Ritos Paladianos. Ordenó a Mazzini que estableciera consejos supremos en Roma y Berlín para trabajar en cooperación con el cuartel general que había establecido en Charleston, S.C. El Consejo Supremo de Roma debía dirigir la "Acción Política"; el de Berlín debía ser el Directorio Dogmático. Los tres consejos supremos debían dirigir las actividades subversivas de los otros 23 consejos que Pike organizó en lugares estratégicos de Norteamérica, Sudamérica, Europa, Asia, África y Oceanía. Nota: Fueron los miembros ejecutivos de estos consejos quienes volaron a Georgia para asistir a la reunión secreta celebrada en el King & Prince Hotel de la isla de San Simón, del 14 al 17 de febrero de 1957, como se informó en el número de mayo de N.B.N.

Para probar que el 'Secreto Completo' sólo se da a conocer a aquellos que califican para la iniciación en el grado final del Rito Palladiano, que los hace miembros de La Gran Logia Blanca', y Altos Sacerdotes del Credo Luciferino, citaremos una carta escrita por Mazzini al Dr. Breidenstine antes de ser hecho adepto del rito final. El escribió:

'Formamos una asociación de hermanos en todos los puntos del globo. Deseamos romper todos los yugos. Pero hay uno que no se ve, que apenas se siente, pero que pesa sobre nosotros. ¿De dónde viene? ¿Dónde está? Nadie lo sabe, o al menos nadie lo dice. Esta asociación es secreta incluso para nosotros, los veteranos de las sociedades secretas'

Para poder provocar el cataclismo social final entre comunistas y cristianos, Pike tuvo que poner a los Iluministas en control de las políticas del Vaticano. Para que los Illuminati pudieran infiltrarse en el Vaticano , Pike ordenó a Mazzini que creara un ambiente anti-Vaticano en Europa hasta que, como sabemos, las vidas de todos dentro del Vaticano se vieron amenazadas. Entonces Karl Rothschild, el hijo de Mayer Anselm Rothschild (que financió la organización de los Illuminati de Weishaupt) intervino en nombre del Vaticano con el argumento de que deseaba evitar un derramamiento de sangre innecesario Así uno de los más altos miembros de los Illuminati se ganó la gratitud y el aprecio del Papa y los funcionarios del Vaticano Luego colocó a agentur de los Illuminati dentro del Vaticano como Expertos y asesores en finanzas y política. Asi hicieron realidad la jactancia de Weishaupt cuando escribio 'Nos infiltraremos en ese lugar (El Vaticano) y una vez dentro nunca saldremos. Perforaremos desde dentro hasta que no quede más que una cáscara vacía".

Desde que los Illuminati se infiltraron en el Vaticano los que dirigen la conspiración Luciferina han fomentado dos guerras mundiales, que dividieron la Cristiandad en ejércitos opuestos, los Cristianos de todas las denominaciones se volaron unos a otros de la faz de esta tierra por millones. El resultado neto es que las masas controladas por el Comunismo Ateo son ahora iguales en fuerza a lo que queda de la Cristiandad. Lo que ha sucedido hasta la fecha es estrictamente de acuerdo con la revisión de Weishaupt de la conspiración Luciferina. Cómo ha sucedido está estrictamente de acuerdo con el plan de acción trazado por Albert Pike, 1850 a 1886, en su mansión de Little Rock, Ark. Los Archivos Secretos del Vaticano son más completos que cualquier otro en este mundo. Qué diferencia habría habido en las páginas de la historia si los Illuminati no hubieran tenido el poder de imponer una conspiración de silencio sobre todos los gobiernos, políticos y religiosos.

Tengo muchas cartas de sacerdotes que han vivido en Roma y estudiado en el Vaticano. Proporcionan una gran cantidad de pruebas que demuestran que el Santo Padre es poco mejor que un prisionero en el Vaticano, exactamente de la misma manera que el Presidente de los Estados Unidos es un prisionero en la Casa Blanca, la Reina de Inglaterra es una prisionera en el Palacio de Buckingham, y Khrushchev es un prisionero en el Kremlin. Sólo una vez, en los últimos años, se ha relajado la vigilancia constante que se mantiene sobre el Papa. Fue cuando se pensó que su Santidad estaba a las puertas de la muerte. Se nos dice que había caído tan bajo que sólo un milagro moderno podría haberle dado fuerzas para convocar a un funcionario en el que sabía que podía confiar. Ordenó a este funcionario que enviara un llamamiento a y pidiera a todos los católicos romanos "Rezar por la Iglesia silenciosa".

Pike restringió la iniciación en el Nuevo Rito Palladiano a hombres y mujeres que se había probado que habían desertado de Dios y vendido sus almas a Satanás a cambio de éxito material y placeres carnales. Pero tal es la astucia, y astucia, de aquellos que controlan la Sinagoga de Satanás que ni siquiera los miembros del Nuevo Rito Palladiano son admitidos al secreto completo hasta que hayan sido probados más a fondo. La manera en que "La Gran Logia Blanca" (Los Sumos Sacerdotes del Credo Luciferino) mantienen su secreto quedó plenamente ilustrada cuando otro Acto de Dios hizo que documentos de alto secreto, emitidos por Pike, cayeran en manos distintas a las previstas. Mazzini murió en 1872. Pike eligió a Adriano Lemmi para sucederle como Director de Acción Política. Lemmi había sido iniciado en el Nuevo Rito Paladiano. Era adorador de Satanás.

Pike le instruyó en todo el secreto. Le explicó que Lucifer es el único dios aparte de Adonay, y que el propósito último de la continua conspiración es imponer la ideología luciferina a la humanidad.

Los hechos que rodearon este incidente fueron revelados por el libro de Margiotta 'Adriano Lemmi Chef Supreme des Franc Masons.' El hecho de que sólo los pocos iniciados en el grado más alto de los Ritos Paladianos están en posesión del secreto completo se probó de nuevo cuando Pike encontró necesario emitir la siguiente carta de instrucciones a aquellos Iluministas que había seleccionado para dirigir las actividades de los 23 consejos que había establecido en todo el mundo. Una copia de esta carta, fechada el 14 de julio de 1889, también se extravió. *La* cita A.C. De La Rive en la página 587 de *'La Femme et L'enfant dans la Franc-Maçonnerie Universelles'*.

Citamos,

> 'Lo que debemos decir a la multitud es 'Adoramos a Dios', pero es al Dios que se adora sin superstición... La religión masónica debe ser, por todos nosotros, iniciados de los altos grados, mantenida en la pureza de la doctrina luciferina... Si Lucifer no fuera Dios, ¿lo calumniaría Adonay, cuyos hechos prueban su crueldad, perfidia y odio a los hombres, barbarie y repulsión por la ciencia? ¡Sí! Lucifer es Dios. Y desgraciadamente Adonay también es Dios. Pues la ley Eterna es que no hay luz sin sombra, no hay belleza sin fealdad, no hay blanco sin negro, pues lo absoluto sólo puede existir como dos Dioses. Así pues, la doctrina del satanismo es una herejía, y la verdadera, y pura, religión filosófica es la creencia en Lucifer, el igual de Adonay, pero Lucifer Dios de la luz y Dios del Bien, está luchando por la humanidad contra Adonay el Dios de la oscuridad y del mal.'

La historia demuestra que desde 1776 la conspiración se ha desarrollado exactamente como Weishaupt pretendía, simplemente porque aquellos que la dirigen han sido capaces de mantener el secreto respecto a su intención última de esclavizar lo que queda de la raza humana:

cuerpo, mente y alma. Ahora revelaremos los planes que los Illuminati pretenden seguir desde ahora hasta el final.

Tanto Weishaupt como Pike exigieron que el Sionismo Político fuera organizado, financiado y controlado por los Illuminati para que pudiera ser utilizado primero para crear un estado soberano en el que ellos, los Illuminati, coronarían a su líder Rey-despojo de todo el universo, y segundo para permitir a los Illuminati fomentar la Tercera Guerra Mundial. El sionismo político fue organizado por Herzl, 1897. ¿Puede alguna persona, todavía capaz de ejercitar su intelecto dado por Dios, negar que esta parte del complot no se está desarrollando ahora mismo en el Cercano y Medio Oriente? Si permitimos que estalle la Tercera Guerra Mundial, el sionismo y el mundo musulmán serán aniquilados, y las naciones restantes eliminadas como potencias mundiales, entonces sólo el comunismo ateo y el cristianismo permanecerán en pie entre los Illuminati y su objetivo.

En una carta que Pike escribió a Mazzini el 15 de agosto de 1871, explica lo que sucederá cuando termine la Tercera Guerra Mundial. (Una copia de esta carta en se encuentra, o se encontraba, en la Biblioteca del Museo Imperial Británico, Londres, Inglaterra).

'Nosotros (los Illuminati) desencadenaremos a los Nihilistas y a los Ateos, y provocaremos un formidable cataclismo social que en todo su horror mostrará claramente a las naciones los efectos del ateísmo absoluto, origen del salvajismo y de la más sangrienta agitación. Entonces, en todas partes, los ciudadanos obligados a defenderse de la minoría mundial, o revolucionarios, exterminarán a esos destructores de la civilización, y la multitud, desengañada del cristianismo, cuyos espíritus deístas estarán desde ese momento sin brújula (dirección) ansiosos de un ideal, pero sin saber dónde rendir su adoración, recibirá la verdadera luz, a través de la manifestación universal de la doctrina pura de Lucifer, puesta finalmente a la vista del público, manifestación que resultará del movimiento reaccionario general que seguirá a la destrucción del Cristianismo y del Ateísmo, ambos conquistados y exterminados al mismo tiempo.'

Si alguien todavía duda de la verdad, permítame decirle que Su Eminencia el Cardenal y Rodríguez de Chile intentó advertir tanto a los católicos como a los masones de su destino inminente en 1925.

Cuando F.D. Roosevelt fue elegido Presidente de los EE.UU. estaba tan seguro de que la conspiración alcanzaría su objetivo final durante su vida que en 1933 hizo imprimir la insignia de los Illuminati (que Jefferson había grabado en secreto en el reverso del Gran Sello estadounidense) en el reverso de los billetes de dólar estadounidenses. Esto fue para notificar a los Iluministas de todo el mundo que los Illuminati estaban ahora en control absoluto de las finanzas, la política y las ciencias sociales estadounidenses. Roosevelt llamó a esto "El Nuevo Trato".

La política exterior de Roosevelt construyó el comunismo ateo hasta que fue igual en fuerza en todos los sentidos al de la cristiandad. Estaba tan seguro de que sería el primer rey-despotado que tuvo la osadía de decirle a Winston Churchill en 1942: "Ha llegado el momento de disolver el Imperio Británico en interés de la paz mundial". Este incidente tuvo lugar en Vallentia Harbout, Terranova, cuando se reunieron por primera vez para hablar de la OTAN. ¿A qué tipo de paz se refería Roosevelt? Se refería a la paz bajo una dictadura luciferina.

Ahora mostraremos cómo los Illuminati se infiltraron en la Casa Real Británica. Desde 1942 el Almirante Louis Mountbatten ha sido el 'Poder detrás del trono' en Gran

Bretaña. Bajo su influencia y dirección, India y varias otras partes del Imperio Británico han "ganado su independencia". Es una forma educada de decir que se han separado de la Corona británica. Lo que el público pensaba que era un deseo de Roosevelt se está convirtiendo rápidamente en un hecho consumado. Roosevelt sabía lo que los Illuminati habían planeado. Su lapsus linguae cuando hablaba con Churchill prueba la verdad del viejo dicho, 'Cuando la bebida está dentro, la verdad sale'. El hecho es que el Imperio Británico, en menos de cincuenta años, ha sido reducido de la mayor potencia de la tierra a una potencia de tercera clase. La Reina de Gran Bretaña está casada con el sobrino del Almirante Mountbatten. Philip fue "Adoptado" por el Almirante cuando era un niño.

Todo el mundo sabe que el príncipe Felipe tiene opiniones y puntos de vista extremadamente liberales. Muy pocos saben que fue educado privadamente, a instancias de su tío, en Gordonstoun, Escocia, por el Dr. Kurt Hahn, un iluminista al que Hitler echó de Alemania.

El Dr. Kurt Hahn es incuestionablemente un agente de los Illuminati. En Alemania sirvió en el Comité Ejecutivo del Partido Comunista pero no es ateo. Dirigió la política comunista en Alemania de manera que permitió a los Illuminati fomentar la Segunda Guerra Mundial. Tómenlo como quieran, el hecho es que es un subversivo totalmente informado, altamente entrenado y experimentado.

La Escuela Gordonstoun es sólo una de las tres que ha establecido de acuerdo con el plan de Weishaupt para que los Illuminati adoctrinen y entrenen a jóvenes de familias bien educadas con inclinaciones internacionales para ser agentur de los Illuminati. Las otras dos escuelas establecidas por el Dr. Kurt Hahn se encuentran en Salem, Alemania, y Anavryta, Grecia.

Queremos dejar absolutamente claro que la N.B.N. no dice, ni repite que los jóvenes así entrenados se den cuenta del propósito para el que están siendo entrenados. E.H. Norman fue un joven así entrenado. Tuvo un final muy pegajoso. Igual que muchos de los otros. Son solo peones en el juego.

La reina Isabel II es también cabeza de la Iglesia protestante de Inglaterra. Obviamente, debido a fuerzas que escapan a su control, el canónigo C.E. Raven ha sido nombrado "consejero" espiritual de la Casa Real. El canónigo se ha casado tres veces. Su tercera esposa se declaró atea.

Fue publicitada como 'Una heroína del Movimiento de Resistencia francés'. Una cosa es cierta, desde que se hizo este nombramiento Su Majestad nunca ha hecho referencia a Dios Todopoderoso en sus mensajes de Navidad a su pueblo. Pero lo más significativo es que, en su último discurso, utilizó la jerga de los Illuminati y dijo: 'La reacción en cadena de los Poderes de la Luz, para iluminar la nueva era (Nuevo Orden) que tenemos por delante'.

Tal es el poder de los que dirigen a los Illuminati que dieron instrucciones a otro de sus agentes (también llamado Hahn) para que celebrara el acceso de Isabel al trono haciendo que este artista canadiense nacido en Alemania alterara la foto que Su Majestad había aprobado que se utilizara en los billetes de banco canadienses.

Hahn ocultó hábilmente el rostro de Satán en el peinado de la Reina. En el simbolismo iluminista esto significaba: "Ahora tenemos 'la oreja de la Reina' Nuestros agentes están tan cerca de su persona que ella ni siquiera sospecha de su presencia". N.B.N llamó la atención de la Cámara de los Comunes de Canadá sobre este atropello, a través del Sr. John Blackmore, P.M., y como resultado se fabricaron nuevas placas y se emitieron nuevos billetes de banco. Hemos intentado informar al marido de la Reina del verdadero propósito de los Illuminati pero hasta ahora sin éxito.

Desde la muerte de Roosevelt, la política exterior estadounidense y la de la ONU han sido decididas por los iluministas de en el Consejo de Relaciones Exteriores que ocupan el edificio Harold Pratt en Nueva York. Este cuartel general de intrigas internacionales fue proporcionado, y es financiado, por las fundaciones libres de impuestos Rockefeller, Ford y Carnegie. Desde el cambio de siglo, los Rockefeller han asumido la dirección de la continua conspiración de los Rothschild. La política exterior ha sido contener el comunismo, no destruirlo. El comunismo internacional tiene que mantenerse igual en fuerza a toda la cristiandad, de lo contrario el diabólico plan de Pike para el cataclismo social final no puede llevarse a cabo. Es esta política la que explica por qué no se permitió a MacArthur destruir el comunismo durante la guerra de Corea. Fue esta política la que hizo que la ONU exigiera que Gran Bretaña y Francia retiraran sus tropas cuando desembarcaron en Suez con la firme intención de poner fin a las actividades subversivas de Nasser en Egipto y Oriente Próximo. Cuando MacArthur persistió en su intención de destruir el comunismo fue despedido.

Cuando Anthony Eden envió tropas a Egipto también fue despedido. ¿Por qué? ¿Insubordinación a los que dirigen los Illuminati?

Desde los tiempos de Jefferson los ciudadanos de EEUU han sido gradualmente condicionados para el dia en que los Illuminati decidan tomar el control. Exactamente lo mismo ha estado sucediendo en Canada. Sabremos que la hora de la subyugación ha llegado cuando el Presidente de los EE.UU. y el Primer Ministro de Canadá, declaren el Estado de Emergencia y establezcan una dictadura militar con el pretexto de que tal acción es necesaria para proteger al pueblo de la agresión comunista. Los Partidos Comunistas, en ambos países están siendo 'contenidos porque los Illuminati pretenden usarlos para llevar a cabo 'El Estado de Emergencia'. El F.B.I. y el R.C.M.P. podrían, en 48 horas, eliminar a todos los comunistas y a cualquier otro tipo de subversivo si se les permitiera hacerlo. Los jefes del F.B.I. y del R.C.M.P. saben quiénes son los Poderes secretos. Sólo el apoyo general del público les liberará de las cadenas con las que ellos, como el resto de nosotros, están atados.

Cuando los comunistas reciban la orden de sublevarse, se les dejará campar a sus anchas, como en Rusia, hasta que hayan asesinado a todos aquellos cuyos nombres figuren en las listas de liquidación de los Illuminati. Entonces los agentes de los Illuminati aparecerán en escena y tomarán el control bajo la pretensión de que son los salvadores del pueblo. Lenin se jactaba de que 'Cuando llegue el momento los Estados Unidos caerán en nuestras manos (de los Illuminati) como fruta demasiado madura'. El plan por el cual los Illuminati intentan tomar el poder de los comunistas esta completado.

El personal ha sido seleccionado para llevar a cabo los detalles del plan. Están siendo entrenados en el edificio de Chicago conocido como 'Thirteen Thirteen', East 60th Street. Está situado en una propiedad que pertenece a la Universidad de Chicago. Este centro de entrenamiento Iluminista está financiado por las mismas fundaciones que financian el Consejo de Relaciones Exteriores en Nueva York. Los Illumimsts comprometidos en este proyecto se llaman a sí mismos 'Los Servicios de Administración Pública'. Pretenden mejorar los Gobiernos Cívicos y los Servicios Sociales. En realidad, forman a agentes seleccionados para ocupar puestos clave en todos los niveles del gobierno cívico.

Los graduados de los Servicios de Administración Pública ya han sido colocados como "Especialistas", "Expertos" y "Asesores" por los Illuminati con las siguientes asociaciones:

❖ Am Public Works Assn.

❖ Public Personnel Assn.

❖ Conferencia del Gobernador

❖ Asociación de Funcionarios de Finanzas Municipales

❖ Asociación Nacional de Fiscales Generales

❖ International City Mgrs Assn.

❖ Am. Comité International Municipal Assn.

❖ Am. Municipal Assn.

❖ Conferencia de Presidentes de Tribunales

❖ Servicio de Administración Pública

❖ Instituto Nacional de Secretarios Municipales

❖ Nat. Assn. of State Budget Officers

❖ Federación de Administradores Fiscales

❖ Nat. Assn. of Housing & And Redevelopment

❖ Consejo de Gobiernos Estatales

❖ Am. Public Welfare Assn.

❖ Centro Interestatal de Intercambio de Información sobre Salud Mental

❖ Am. Sociedad de Administración Pública

❖ Am. Society of Planning Officials

❖ Nat. Assn. of Assessing Officers

❖ Nat. Assn. Funcionarios de Compras del Estado

❖ Nat. Legislativa

La política de quienes dirigen los Servicios de Administración Pública en "Trece Trece" es conseguir que los agentes formados a sus órdenes sean nombrados City Managers. Los City Managers nombran entonces a otros graduados de "Trece Trece" como jefes de los diversos departamentos cívicos. Estos, a su vez, traen a otros formados en "Trece Trece" hasta que tienen el control del gobierno municipal en lo más alto. Fingen que trabajan en aras de la eficacia. Lo que hacen en realidad es usurpar los poderes del electorado. El condado de Dade, Miami y Chicago ya están controlados por graduados de "Trece Trece". En el caso de Miami era necesario que este control se estableciera de inmediato. El sur de Florida es uno de los santuarios de los Illuminati y deben estar en posición de llevar a sus amigos a ese santuario y excluir de él a aquellos para los que no tienen uso si, y cuando, se declare el estado de emergencia. Los Illuminati de Chicago y Miami controlan la administración cívica, no el pueblo

Dentro de los muros de "Trece Trece", los agentes de los Illuminati están siendo entrenados para tomar el control de los gobiernos municipales y los parlamentos estatales, y subyugar a los Goyim (ganado humano) cuando se les ordene. Se les dice cómo deben en primer lugar representarse a sí mismos como "Los Salvadores del pueblo", enviados para salvar a las masas de más persecuciones a manos de los comunistas. Se les enseña cómo sacar a las masas de la opresión comunista y someterlas de nuevo a los Illuminati. Ese, damas y caballeros, es el montaje. Si desea informarse mejor sobre 'Trece Trece' envíe 'Closer-Up', c/o Time for Truth Press, P.O. Box 2223, Palm Beach, U.S.A.

Nuestro propósito al escribir este artículo es probar que los Illuminati fueron organizados por Weishaupt para dirigir la conspiración Luciferina a su meta final; probar que los Illuminati son controlados en la cima por la Sinagoga de Satán. La S.O.S. a su vez está controlada por los pocos que son, de hecho, los Sumos Sacerdotes del Credo Luciferino también conocido como la 'Gran Logia Blanca'. También hemos tratado de demostrar que el propósito oculto de la jerarquía luciferina es impedir que establezcamos el plan de Dios para el gobierno de la creación sobre esta tierra con el fin de impedir que la voluntad de Dios se haga aquí como se hace en el cielo. Su objetivo es imponer la ideología luciferina sobre la humanidad y hacer cumplir sus edictos mediante el despotismo satánico. Con fines de engaño se refieren a la dictadura totalitaria luciferina como "El Nuevo Orden".

La ideología luciferina requiere "El Nuevo Orden" constará de dos clases: Gobernantes y esclavos. El Gobernante y sus gobernantes consistirán en los Sumos Sacerdotes del Credo Luciferino, sus Illuminati y agentur de alto nivel, unos pocos millonarios, científicos, economistas y hombres profesionales que hayan demostrado su devoción a la Causa Luciferina , con suficientes policías y soldados para imponer la obediencia a los Goyim.

Todos los demás seres humanos deben ser reducidos a un nivel común mediante el mestizaje de blancos, negros, amarillos y rojos. La mestización de la raza humana se logrará rápidamente mediante la inseminación artificial. Las mujeres serán seleccionadas científicamente y utilizadas como incubadoras humanas. Se las dejará embarazadas con semen tomado de machos especialmente seleccionados. La tasa de natalidad se limitará estrictamente a las necesidades del estado. Como está escrito en el plan diabólico de los Illuminati, 'Después de que obtengamos el control, el mismo nombre de Dios será borrado del léxico de la vida'. En la jerga de los Illuminati esto significa que la psicopolítica científicamente aplicada (lavado de cerebro) será utilizada para borrar de las mentes de los esclavos humanos todo conocimiento de Dios Todopoderoso (Adonay). Los Iluministas pretenden convertir en Zombis a todos aquellos para los que no tengan algún uso especial.

Permítanme hacer esta última advertencia. Las guerras (independientemente de que se llamen guerras agresivas o preventivas), las revoluciones (independientemente de que se llamen contrarrevoluciones), la intolerancia racial, la intolerancia religiosa, el fanatismo religioso y la persecución y el odio no proporcionarán una solución a nuestro problema. Sólo dando a conocer toda la verdad pondremos fin a la conspiración luciferina sobre esta tierra. Si continuamos guardando silencio, debido a los riesgos que conlleva, la conspiración luciferina progresará hasta el cataclismo social final, cuando los Goyim, con el uso de bombas atómicas y gas nervioso, se masacren unos a otros por decenas de millones mientras los Illuminati, y sus amigos, se regodean en el lujo en las soleadas playas de sus santuarios. Aquellos que deseen levantarse y ser contados como por Dios y contra lucifer no necesitan armas. No necesitan dinero . Todo lo que necesitan está claramente establecido en las Escrituras. Lea Efesios 6:10-17.

Hermanos, fortaleceos en el Señor y en su poder. Vestíos de la armadura de Dios, para que podáis estar firmes contra las asechanzas del diablo.

Porque nuestra lucha no es contra sangre y carne, sino contra principados y potestades, contra los gobernadores de estas tinieblas, contra las fuerzas espirituales de maldad de lo alto. Por tanto, tomad la armadura de Dios, para que podáis resistir en el día malo, y estar firmes en todo perfectos. Estad, pues, firmes, ceñidos vuestros lomos con la verdad, y vestidos con la coraza de la justicia, y calzados los pies con la prontitud del evangelio de la paz, tomando en todo el escudo de la fe, con que podáis apagar todos los dardos de fuego del inicuo. Y tomad para vosotros el yelmo de la salvación y la espada del espíritu, es decir, la palabra de Dios'.

¿Puede haber algo más claro? Las únicas personas que debemos odiar son los de la Sinagoga de Satanás. Son lobos disfrazados de ovejas.

Esos son los que Cristo odió y desenmascaró. Si rompemos la conspiración del silencio; si insistimos en que nuestros representantes electos dejen de jugar a la política y se pongan a trabajar y a establecer el plan de Dios para el gobierno de la creación en esta tierra, entonces Dios intervendrá en favor de aquellos que demuestren que desean ser de Sus elegidos. La cuestión depende de nosotros. Somos nosotros quienes debemos tomar la decisión. Si deseamos sinceramente vivir por toda la eternidad según el plan de Dios, la única forma de demostrar nuestra sinceridad es trabajar para poner en práctica su plan en esta tierra. El plan de Dios está detallado en las Sagradas Escrituras. No está de acuerdo con la Carta de las Naciones Unidas ni con la ideología expuesta por los Unmundistas.

Envíe por correo o distribuya ejemplares de este número a todas las personas que se le ocurran. Es maravilloso el resultado que se obtiene cuando unos pocos ejemplares caen en buenas manos. Si crees en lo que hemos explicado, entonces es tu deber transmitir este conocimiento a tantos otros como puedas contactar. Algunos pocos aceptarán el conocimiento y la verdad. Otros la rechazarán. Eso no te concierne. Serás juzgado por el esfuerzo que pongas en el trabajo, no por los resultados que obtengas. No tienes por qué convertirte en una peste.

Usa la paciencia en lugar del garrote. Usa la razón en lugar del abuso. Sé amable y considerado en lugar de pugnaz y agresivo. Haz que la gente piense y luego deja que sientan que han pensado el asunto ellos mismos. Los que sirven a los Illuminati dedican cada hora de vigilia a promover su causa. ¿Podemos nosotros, si queremos ganarnos nuestra recompensa eterna, hacer menos?

Necesitamos la cooperación del clero de todas las religiones que enseñan la creencia en un Dios distinto de Lucifer. En particular, necesitamos el interés activo de todos los ministros de la religión cristiana. Si podemos persuadirlos para que levanten la tapa y rompan la conspiración del silencio, y digan toda la verdad a sus congregaciones, los Illuminati no podrán proceder con su plan de fomentar la Tercera Guerra Mundial y el cataclismo social final. Los sacerdotes ordenados de Dios asumen una gran responsabilidad cuando aceptan las Órdenes Sagradas. Independientemente de cuáles puedan ser las consecuencias, tienen el deber, y el honor, de decir a los miembros de su rebaño toda la verdad . Si no lo hacen, dejan a sus pupilos víctimas inocentes de aquellos que buscan la posesión de sus almas inmortales.

En conclusión, hago esta pregunta a los 400.000.000 de católicos esparcidos por el mundo. Si lo que explico en este artículo no es la verdad, ¿por qué recitan la siguiente oración después de cada misa baja? 'Santo San Miguel, Arcángel, defiéndenos en el día de la batalla; sé nuestro salvaguardia contra las asechanzas y maldades del demonio. Que Dios lo reprenda, te rogamos humildemente; y tú, oh Príncipe de la Hueste Celestial, con el poder de Dios, arroja al infierno a Satanás, y a todos los espíritus malignos, que vagan por este mundo buscando la ruina de las almas.'

O bien lo que les decimos respecto a la conspiración luciferina es la verdad o bien las palabras de la oración anterior son tonterías. Yo sé Quién compuso esta gran oración. Les he dicho por qué la compuso. Estoy seguro de que Dios está dispuesto a escuchar nuestras oraciones tan pronto como demostremos, mediante la acción, que somos dignos de Su intervención.

Epílogo

Sobre el autor

Las dos últimas obras del Comandante Carr salen ahora a la luz póstumamente. La primera y más pequeña de ellas es esta obra. Tratan de la Conspiración Internacional y se basan en investigaciones y estudios que le han llevado a casi todos los países del mundo.

Carr ha tenido una destacada carrera naval. Su profunda formación en historia y geopolítica, unida a una mente penetrante, hicieron efectivo su implacable intento de rastrear los acontecimientos hasta su origen y los conceptos hasta su conclusión final.

La Conspiración no es para los políticamente ingenuos (sean o no producto de una formación universitaria formal). Es para aquellos que ya son conscientes de que hay un deslizamiento hacia abajo de nuestra civilización occidental bajo una variedad de influencias que juegan en concierto más allá de lo que cabría esperar por mera casualidad.

Al escribir para esos hombres, Carr no muestra ninguna de las vilezas que caracterizan a algunos que profesan inclinaciones patrióticas. Carr aconseja amor y paciencia.

"Se te juzgará por el esfuerzo que pongas en el trabajo, no por los resultados que obtengas. No hace falta que te conviertas en un pesado. Usa la paciencia en lugar del garrote. Usa la razón en lugar del abuso. Sé amable y considerado en lugar de pugnaz y agresivo. Haz que la gente piense y luego deja que sientan que ellos mismos pensaron el asunto.

No es de extrañar que los libros de Carr hayan tenido tan buena acogida. Algunos se han impreso muchas veces. Aunque fallecido, es fácil imaginarlo ocupado en la causa de la verdad en su estado actual.

Otros títulos

Omnia Veritas Ltd presenta:

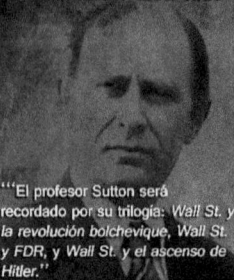

ARCHIBALD RAMSAY

LA GUERRA INNOMINADA
EL PODER JUDÍO CONTRA LAS NACIONES

El autor describe la anatomía de la máquina de la Internacional Revolucionaria que hoy persigue el proyecto de poder mundial supranacional, el viejo sueño mesiánico de la judería internacional...

La evidencia de una conspiración de siglos contra Europa y toda la cristiandad...

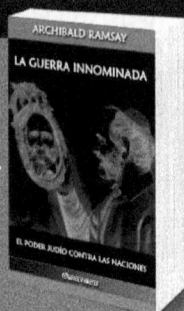

OMNIA VERITAS LTD PRESENTA:

LA TRILOGÍA WALL STREET

POR **ANTONY SUTTON**

"'El profesor Sutton será recordado por su trilogía: Wall St. y la revolución bolchevique, Wall St. y FDR, y Wall St. y el ascenso de Hitler."

Esta trilogía describe la influencia del poder financiero en tres acontecimientos clave de la historia reciente

MK ULTRA
Abuso ritual y control mental
Herramientas de dominación de la religión sin nombre

Por primera vez, un libro intenta explorar el complejo tema del abuso ritual traumático y el control mental resultante...

¿Cómo es posible programar mentalmente a un ser humano?

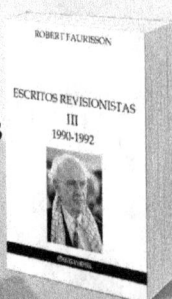

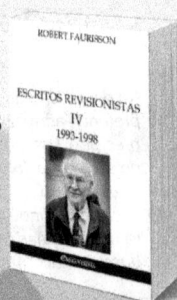